MEMOIRE
en Images

DOUAI

MEMOIRE

en Images

DOUAI

Geneviève Ravet et Albert Ravet

ALAN SUTTON

Editions Alan Sutton
21, avenue de la République
37300 Joué-lès-Tours

Première édition mars 1997

ISBN 2-84253-044-6

Dépôt légal : mars 1997.
Imprimé en Grande-Bretagne par
Redwood Books Limited, Trowbridge.

Table des matières

Les auteurs en septembre 1939.

Introduction

Il y a peu encore, le département à éviter en priorité dans les déplacements, les mutations et surtout les vacances, était le Nord. Que connaissaient du Nord les "sudistes" qui en parlaient ? Ils parlaient des mines de charbon, bien sûr... et de la pluie. De nom et d'anecdote, ils connaissaient Lille, parce que préfecture, et le LOSC qui fit le bonheur du football d'après-guerre, Dunkerque pour son port et le rembarquement célèbre de 1940, Valenciennes pour sa dentelle, Cambrai pour ses bêtises, Maubeuge, un peu plus tard, pour son clair de lune, Roubaix et Tourcoing pour leurs filatures. Et Douai... Douai, ville moyenne de près de 50 000 habitants ! Douai ? On ne connaissait pas ! Quelques lettrés vous auraient dit que Marceline Desbordes-Valmore y naquit. Quelques chevaliers d'industrie vous auraient parlé d'Arbel, de Bréguet ou d'usine des Ressorts. Quelques magistrats, pour y avoir sans doute refusé ou accepté un poste, savaient Douai le siège de la Cour d'appel et de la Cour d'assises. Enfin, quelques "très anciens", du temps où la communale faisait apprendre par coeur les départements avec leur préfecture et leurs sous-préfectures, vous auraient bien situé Douai.

Douai a bien changé sous l'impulsion de ses derniers maires. Elle est une ville moderne, bien restaurée, attrayante, agréable à vivre et à regarder. Beaucoup de "sudistes" lui trouvent même quantité de charmes et s'y attachent volontiers. Les militaires du 58e régiment d'artillerie, venant y passer quelques années, vous le diront.

Douai est une ville d'histoire. Elle ne fut pas romaine, comme Arras, Cambrai, Bavay ou Tournai. Les voies romaines qui reliaient les principaux centres n'y passaient pas et seul un vestige de la voie Cambrai-Arras persiste dans les marais d'Arleux. Douai fut la frontière entre les Atrébates, dont le centre est Arras, les Ménapiens au nord et à l'ouest et les Nerviens qui occupaient la rive droite de l'Escaut, c'est à dire le Hainaut-Cambrésis.

Bien que l'habitat fût relativement dense autour de Douai à l'époque gallo-romaine, il est certain que des constructions celtiques ont existé bien avant l'occupation romaine. Le menhir de Lécluse, le tumulus de Sailly-en-Ostrevent et le dolmen d'Hamel, si proches de Douai, en représentent trois exemples. D'après les fouilles de ces dernières années, il est certain aussi que les débuts de l'occupation continue du site de Douai remonte au VIe siècle.

Au IXe siècle, en janvier 881, l'agglomération pré-urbaine de Douai est brûlée par les Vikings en même temps que Cambrai et Arras. Un *castrum* (château fort en latin) va s'élever sur la "motte féodale", dans un îlot formé de deux bras de la Scarpe : îlot Saint-Amé. Ce *castrum* reçoit une première enceinte et l'église où se trouve le corps de Saint-Amé, un des saints patrons de la ville. Saint-Amé devient le centre historique de Douai.

C'est à l'abri de ce début de ville que les bateaux faisant commerce sur la Scarpe viennent charger et décharger leurs cargaisons. Un quartier se crée : Douayeul.

Le premier texte connu citant le nom de *Castrum Duacum* remonte au Xe siècle.

L'industrie de la draperie, appréciée jusqu'en Italie, en Espagne et au Moyen-Orient, et le commerce des grains prennent une expansion telle que l'afflux d'habitants nouveaux oblige la cité à créer, au début du XIVe siècle, une nouvelle enceinte beaucoup plus grande, correspondant au tracé actuel des boulevards extérieurs, laquelle sera démantelée en 1891. Le beffroi, assurément le plus beau des beffrois du Nord, est construit de 1380 à 1410. Douai entre dans le comté de Flandre, en 945, avec Arnould Ier le Vieux.

Douai, la plus méridionale des villes de Flandre, rivale d'Ypres, de Bruges et de Gand, va suivre les destinées politiques du comté. Quand Marguerite de Brabant, fille du comte de Flandre, épouse Philippe le Hardi, duc de Bourgogne, Douai devient Bourguignonne, puis, par la dévolution du duché de Bourgogne, le comté, donc Douai, passe sous la suzeraineté des empereurs d'Autriche Maximilien et Charles Quint et des rois d'Espagne, de Philippe II à Charles II. Douai sera pourtant rattaché par deux fois à la couronne de France : de 1213 à 1226 et de 1312 à 1369. Elle ne sera définitivement française qu'en 1667, après l'entrée de la garnison royale le 7 juillet et celle de Louis XIV le lendemain, 8 juillet. Le traité d'Aix-la-Chapelle entérine l'annexion de 1668. La date du 7 juillet devient la date de la fête de la ville, dite "fête de Gayant".

L'université, créée en 1562 par Philippe II, roi d'Espagne, donc comte de Flandre, sera douaisienne jusqu'en 1887 où elle partira pour Lille. Pendant 325 ans, Douai est "l'Athènes du Nord".

Après avoir été le siège du parlement de Flandre à partir de 1714, Douai devient préfecture du Nord le 7 février 1790. Elle en sera destituée au profit de Lille en 1804. Durant le XIXe siècle, Douai est le siège de l'état-major de l'artillerie du 1er corps d'armée. Les casernes et autres terrains de manoeuvre représentent le septième du territoire de la ville : résultat de son importance stratégique sur les frontières du Nord.

Malgré les destructions massives des deux guerres mondiales (Douai a le triste privilège d'être la seconde ville du Nord, derrière Dunkerque, pour l'importance de ses destructions en 1944), tout Douaisien qui flâne dans ces vieilles rues encore peuplées de bâtisses des XVIIIe et XIXe siècles sent passer le souffle des grandes heures de son histoire.

Douai ? ... Connais pas ! Mais quelle histoire elle a !

I

Les boulevards extérieurs

Douai, ville fortifiée, vit en cette fin du XIXe siècle un événement de la plus haute importance. Le décret du 19 janvier 1891 ordonne le démantèlement des remparts construits au XIVe siècle. Douai explose ! Les municipalités de l'époque ne garderont que deux portes : la porte de Valenciennes et la porte d'Arras, et une tour : la tour des Dames. Ci-dessus, la porte de Valenciennes ou porte Notre-Dame, par laquelle Charles Quint, en 1516, et Louis XIV, en juillet 1667 lors du rattachement à la France, firent leur entrée dans Douai.

L'église Notre-Dame, du XIIIe siècle, partiellement détruite lors de la Seconde Guerre mondiale, a été restaurée de façon exemplaire. Son clocher, petit, ramassé et peu esthétique avant sa destruction, est devenu une flèche élégante.

En face de Notre-Dame et devant la porte de Valenciennes s'ouvre le square Jemmapes où trône la statue de notre poétesse Marceline Desbordes-Valmore (bronze de Houssin, Douaisien d'origine), laquelle naquit le 20 juin 1786 à trois maisons du parvis de Notre-Dame, dans la rue de Valenciennes. Au cours de la Première Guerre mondiale, les Allemands fondirent sa statue pour en faire des obus.

Le parc public Charles Bertin est dessiné et créé sur l'emplacement des fortifications. Au second plan débute le boulevard Delbecque, devenu boulevard Paul Hayez.

Une vaste pièce d'eau...

... et le kiosque à musique y attirent le promeneur.

L'usine Arbel s'implante sur le boulevard Faidherbe.

Les forges Arbel ont aussi construit les premières péniches “en fer” à Douai.

Le boulevard de la République. Les Tréfileries ont été remplacées, depuis, par la sous-préfecture.

Sur le boulevard de la République, la tannerie Robaut, entre les rues Deforest et Delcambre, occupe l'emplacement d'E.D.F. actuellement.

La tour des Dames, reste des remparts, s'élève, entourée de son jardin, sur le boulevard de la République.

Un concours de pêche dans le lac du jardin, par un beau dimanche.

Le futur emplacement du boulevard Jeanne d'Arc. Au fond, la grande maison Brogné de la rue d'Esquerchin sera habitée, dans les années 1960, par la famille Coquerelle.

II

L'hôtel de ville

Le beffroi de l'hôtel de ville (ci-dessus du côté de la cour d'honneur) a été chanté et dessiné par Victor Hugo dans une lettre à sa femme, le 14 août 1837 et rimé, cinq jours plus tard, en Belgique : «*J'aime le carillon dans tes cités antiques,/ Ô vieux pays gardien de tes moeurs domestiques,/ Noble Flandre où le nord se réchauffe engourdi/ Au soleil de Castille et s'accouple au midi !/ Le carillon, c'est l'heure inattendue et folle/ Que l'oeil croit voir, vêtue en danseuse espagnole,/ Apparaître soudain par le trou vif et clair/ Que ferait en s'ouvrant une porte de l'air.*» (*Les rayons et les Ombres*).

Immortalisée par Jean-Baptiste Corot, ami des familles Robaut et Dutilleux, l'image de notre beffroi a fait le tour du monde. Le tableau est exposé au musée du Louvre.

Construite en sa forme actuelle de 1380 à 1410, la tour de grès mesure 40 mètres jusqu'à la plate-forme, puis la flèche monte à 14 mètres. Au haut de la flèche, debout, le Lion de Flandre, déployant l'étendard au *D* gothique, mesure 1,75 mètre. Le beffroi s'élève ainsi dans les cieux à près de 56 mètres, supportant les 62 cloches du carillon, le tout pesant 18 tonnes ! Douai possède une école Campanaire. Depuis 1391, 33 carillonneurs se sont succédés. Jacques Lannoy en est actuellement le 34e.

Le salon blanc ou salle des mariages. Les superbes boiseries XVIIIe siècle, n'étant pas toutes du même bois, vieillirent dans des tons différents. Pour des raisons d'esthétique le tout fut donc peint en blanc. D'où son nom !

La salle gothique (1463), où se réunissent les conseillers municipaux, a reçu sa décoration actuelle dans la seconde moitié du XIXe siècle. Elle montre l'entrée solennelle dans Douai du roi Jean le Bon, le 4 avril 1355.

III

Les édifices publics et les rues

Douai comptait, avant la Révolution, 6 paroisses : Saint-Pierre, Notre-Dame, Saint-Jacques et Saint-Nicolas, sur la rive droite de la Scarpe ; Saint-Amé et Saint-Albin, sur sa rive gauche. Ne subsistent actuellement que Saint-Pierre, Notre-Dame et Saint-Jacques qui s'est déplacée. Les trois autres paroisses disparurent à la Révolution. En 1012, l'église Saint-Pierre fut érigée en collégiale, c'est à dire que, bien que dépourvue de siège épiscopal, elle est dotée d'un chapitre de chanoines. Douai fut une des rares villes à posséder deux collégiales : Saint-Pierre et Saint-Amé (détruite entre 1792 et 1796).

Le clocher de la collégiale, menaçant ruine, fut abattu et reconstruit de 1513 à 1686. Sur 170 ans, les plans en furent transformés plusieurs fois.

En 1735, la nef, huit fois centenaire, menace de s'effondrer. L'évêque d'Arras la fait fermer. La reconstruction dure de 1735 à 1750. La longueur de la nouvelle nef est de 112 mètres et sa hauteur de 24,50 mètres.

En 1532, des guérisons miraculeuses ont lieu dans le cimetière Saint-Pierre devant la statue, dite de Notre-Dame de-la-Treille (parce que protégée par un "*treillie de fer*"). De ce jour, la statue sera honorée sous le vocable de Notre-Dame-des-Miracles, et deviendra la protectrice de Douai.

La chapelle du Dôme, qui a un diamètre de 12 mètres et une hauteur de 27 mètres, abrite la statue de Notre-Dame-des-Miracles. Durant la guerre, les bombes tombèrent tout autour. Aucune ne toucha le Dôme.

La sortie de l'usine Wauthy, à Douai, fonderie des cloches de la collégiale Saint-Pierre... et de bien d'autres !

Entrée en restauration à partir de 1852 et consacrée le 4 juillet 1855, la chapelle du couvent des Récollets anglais devient l'église Saint-Jacques, la première du nom, sise sur la place Carnot actuelle, à avoir été détruite pendant la Révolution.

La gare, construite sur l'emplacement de l'abbaye de Sin, est inaugurée le 1er avril 1846 et le premier transport de voyageurs, entre Douai et Arras, est réalisé en août.

Les artilleurs, encore en bleu horizon, attendent leur train de permission. La gare est encore en restauration, après la grande tourmente.

La place Carnot, place Saint-Jacques avant la Révolution, avec sa forêt d'arbres. Au fond, on reconnaît le bâtiment de l'école des Beaux-Arts. Dans les années 1925-30, on pouvait croiser en ces lieux un charmant et pittoresque personnage, Pantalon Rouge, clochard de profession, accompagné de son chien. Son surnom lui venait de ce qu'il possédait un pantalon couleur garance, le même que celui que portaient certains soldats français au début des hostilités en 1914 et qui en tua tant !

Le kiosque a remplacé l'église Saint-Jacques et la Musique militaire de la caserne Durutte, toute proche, officie à la place du clergé.

L'école des Beaux-Arts de la place Carnot sera détruite par les bombardements de 1940. Maurice Rogerol, peintre douaisien, avait en charge les cours de peinture et de composition décorative, chez les jeunes gens. Madame Sirot-Duthoit, épouse de H. Sirot, grand prix de Rome d'architecture, s'occupait du cours des jeunes filles.

A l'entrée de la rue Saint-Jacques, des mariniers se pressent, un jour de "bourse d'affrètement". Les mardi et vendredi, les mariniers venaient à la bourse chercher un transport à effectuer. Après avoir déchargé leur péniche, ils s'inscrivaient "au tour" en vue d'un futur autre voyage.

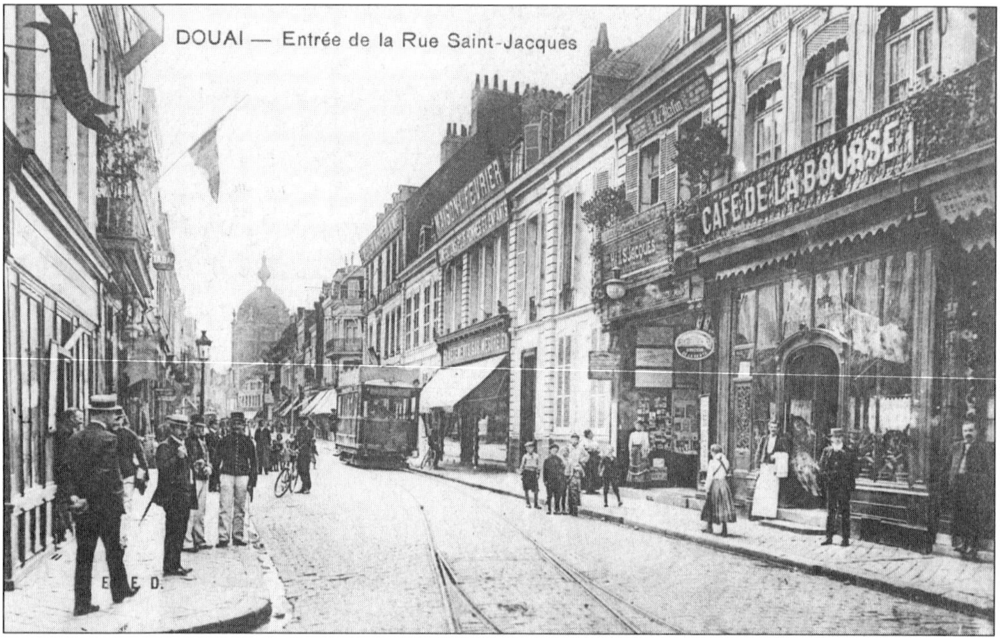

Les bateliers se retrouvent au café des Deux Clefs, chez Dupont, ou en face, au café de la Bourse, chez Théry. La bourse d'affrètement a été transférée, depuis, sur le boulevard Paul Hayez.

En remontant vers la Grand'place, croisent, à gauche, la rue Victor Hugo et, à droite, la rue Saint-Thomas.

Avant d'entrer dans la rue de la Madeleine, la rue Saint-Jacques se termine avec le cinéma *Omnia*.

Le cinéma *Omnia-Pathé*, ouvert le 10 janvier 1908 à l'emplacement du couvent de la Motte, est détruit le 11 août 1944 par les bombes, faisant 70 victimes qui pourtant s'étaient réfugiées dans l'abri.

La rue de Bellain. A Douai, “faire un bellain” signifie se promener en regardant les vitrines et les passants. La flânerie y est propice aux rencontres.

A l’entrée de la Grand’place, le grand magasin Au Bon Diable est devenu le magasin de vêtements Au Soldat Laboureur, remplacé dans les années 1970 par la Villa Toriani et, maintenant, par Camaïeu. En face, sur l’autre coin, le second magasin Camaïeu remplace l’estaminet Mazure ; la librairie Lauverjat occupa cet endroit pendant plus de 60 ans.

La Grand'place ou place d'Armes, avec ses petits marchands ambulants. En octobre 1918, les Allemands font sauter tout le rang gauche... sans raison ! Tout le fond de la place et la moitié du rang droit seront rasés par les bombes en 1944.

Les taxis de l'époque. Quel charme ! Et le beffroi sur le côté sud.

L'hôtel du Dauphin, avec sa riche façade de style Louis XV, deviendra, au XIXe siècle, le siège de la SASA ou Société d'agriculture, sciences et arts. Il est maintenant le siège de l'office de tourisme et de sa revue *les Amis de Douai.*

La fonderie de canons créée par Louis XIV, en 1669, n'a conservé qu'une partie de son mur d'enceinte. L'autre partie est occupée maintenant par une maison de retraite. Quelques canons sont au musée des Invalides à Paris... Le fiacre est celui du photographe.

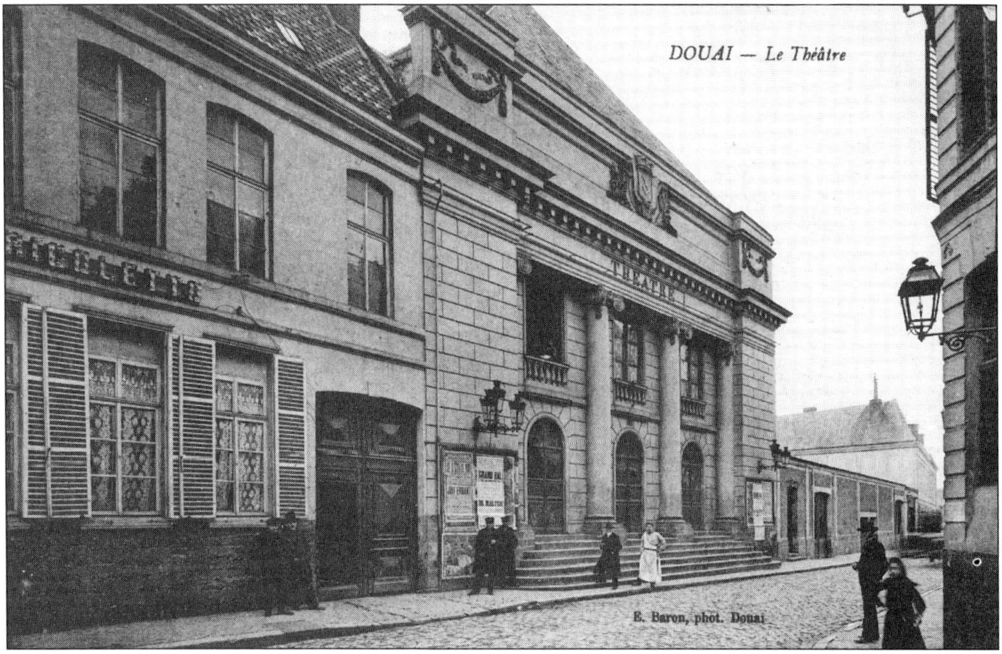

Le théâtre a été érigé en 1785 à l'emplacement du séminaire de la Foi. La façade ionique date de 1822.

Le musée et la bibliothèque communale étaient installés dans l'ancienne maison des Jésuites (1624). La bibliothèque, avant 1914, possédait déjà plus de 96 000 volumes. On y comptait 332 incunables et 1920 manuscrits du VIIIe au XIXe siècle. Tous deux furent détruits par les bombardements de 1944.

L'ancienne chartreuse (1651), après avoir servi de magasin à munitions pour l'artillerie, est devenue le musée de Douai en 1958.

Les restes du bâtiment des XVe et XVIe siècles appartenant aux Templiers sont toujours dans un aussi triste état !

Les membres de la Société d'agriculture, sciences et arts s'installent, lors de sa création en 1799, rue d'Arras, dans l'ancien couvent des Capucins, où ils établiront un jardin des plantes.

Le Palais de justice (Cour d'appel et Cour d'assises), siège du parlement de Flandre à partir du 2 octobre 1714, est construit sur les restes du refuge de l'abbaye de Marchiennes, propriété des Bénédictins.

Le 1er juillet 1910, la poste quitte le 11 de la rue du Béguinage pour le 20 de la rue Gambetta. En 1914, les bureaux de la poste sont ouverts de 7 heures à 21 heures, en été, et de 8 heures à 21 heures, en hiver. La levée des boîtes postales de la ville se fait 7 fois par jour. Oserait-on ajouter un commentaire ?

L'hôpital général, plus connu sous le nom d'hospice, est construit en 1756. Le fronton, de 1835, est une oeuvre du grand prix de Rome de sculpture, le Douaisien Théophile Bra. La partie orphelinat de l'hôpital général a disparu.

L'hôtel-Dieu, daté de 1627, n'a ouvert une salle d'accouchement qu'en 1857. Il quitte la place Maugin pour le centre hospitalier de Douai-Dechy au début des années 1970.

Les cornettes des soeurs de Saint-Vincent-de-Paul sont parties. La chapelle est devenue salle de conférences de la maison des associations, le côté de la chapelle est transformé en bureaux pour les associations douaisiennes et le jardin est devenu parking.

La place Thiers est devenue, après la guerre, la place Suzanne Lanoy, martyre de la Résistance. La statue de bronze fut emmenée, elle aussi, par les Allemands pour être fondue.

Les pompiers viennent faire l'exercice sur le Barlet, en face de l'hippodrome (1904), haut-lieu du cirque Pourtier. Il est maintenant transformé en salles de concerts, de théâtre et de cinéma.

La rue d'Esquerchin est, ici, plantée de jeunes arbres qui seront coupés après la Libération, pour laisser la place à l'eau, au gaz, au téléphone et aux évacuations d'eaux usées, incompatibles avec des racines ! Cette entrée de Douai, en venant de Lens et de Béthune, est encore bordée de nos jours de superbes hôtels particuliers, et la toute nouvelle faculté de droit, enfin revenue à Douai, y dresse fièrement ses modernes bâtiments.

Qui reconnaîtrait en cette rue tranquille, où les enfants jouent sur le pavé, la rue d'Ocre et l'entrée de la rue Saint-Albin ? Actuellement, à gauche, siège la pharmacie Godon.

La rue la plus typiquement XIXe siècle de Douai est bien cette rue de l'Abbaye des Prés qui doit son nom à l'abbaye des Cisterciennes (1218-1798), vendue à la Révolution.

La Petite place n'a pas changé en 100 ans : l'estaminet Vernagut est maintenant La Rouge Oie et la pharmacie Delaoutre, devenue Lemaitre puis Hubère entre temps, s'appelle désormais Buissart. Seuls ont disparu les pavés, les chiens attelés et les charrettes à cheval...

IV
Le tramway

Les premières lignes de tramways sont établies à New-York en 1842 par un Français du nom de Loubat. Vers 1860, ils font leur apparition en Angleterre. Monsieur Loubat, de retour d'Amérique depuis 1854, obtient la concession d'un tramway le long du quai de Billy, à Paris. Cette première tentative progresse lentement, tandis que les tramways prennent une grande extension en Angleterre et en Belgique. Ce n'est qu'en 1873 que Paris et Lille voient s'installer des tramways à traction animale. Le 24 octobre 1898, le premier tramway électrique entre à Douai par la porte de Valenciennes.

Cette première ligne, venant de Guesnain, passe par la rue Notre-Dame ou de Valenciennes. «Notre Marceline» naquit dans la 3e maison du trottoir de gauche, à l'aplomb de la position du tramway. Une plaque commémorative y est maintenant scellée.

Le tramway traverse la Grand'place. Ici existent deux voies : le montant et le descendant s'y croisent.

Il descend la rue de la Mairie...

... longe la Cour d'assises, déraille souvent dans le virage (au grand dam des usagers !) avant d'entrer dans la rue du Gouvernement...

... et termine son parcours à Dorignies, hameau de Douai. En 1914, pour aller de la Grand'place à Dorignies, le prix s'élevait à 15 centimes.

Le 9 août 1899, une autre ligne part de la Grand'place vers la gare, par la rue de Bellain et la place Carnot.

Cette ligne transversale est prolongée, en 1904, rue de Paris ; elle aboutit place L'Hérillier. Les dames portaient le chapeau pour sortir, même en été !

De la gare à la place L'Hérillier, le voyageur paie 10 centimes. La statue à la mémoire de Jean de Bologne, sculpteur né à Douai en 1524, n'existe pas encore : c'est l'emplacement du bureau de l'octroi.

Le tramway termina son honorable carrière en mai 1950.

V
La Scarpe

Rivière qui traverse Douai, la Scarpe prend sa source à Vaudelicourt, à 11 km d'Arras où elle est canalisée jusqu'à son confluent avec l'Escaut à Mortagne-du-Nord, mettant Douai en communication fluviale avec Gand, Anvers et l'Europe du Nord. La Scarpe moyenne (celle qui traverse Douai) était aussi, avant 1895, le passage obligé de la ligne de navigation de Paris à la mer du Nord, par Dunkerque. Près de l'entrée des eaux, la porte d'Arras est tout ce qui reste des remparts du XIVe siècle. C'était aussi l'époque des chiens bêtes de somme.

Le quai de l'Entrée des Eaux. Au premier plan, la passerelle métallique d'où l'on tirait, il y a une quinzaine d'années encore, les feux d'artifices du 14 juillet, enjambe la Scarpe. A gauche, on aperçoit la fabrique de tulle Bailey et, au fond, la chapelle des Dominicains détruite en 1907.

A gauche, au début du quai du Petit Bail, la fabrique de tulle brûlera dans la nuit du 31 octobre au 1er novembre 1876. Il n'en restera que la grande maison blanche, occupée pendant 40 ans par la famille Ravet. A droite, se devine l'entrée des Entrepôts et Magasins Généraux.

Douai obtient l'autorisation de créer un entrepôt de sucres "indigènes" en 1851. Les nouveaux bâtiments et le chenal accessible aux péniches sont construits entre 1897 et 1900, sur un terrain occupant toute la longueur de la rue du Kiosque (à l'emplacement actuel du magasin Match et de la résidence Jean Menu). Y seront stockés du lait en boîte, divers grains, du café, des pâtes, des engrais, du papier... Les entrepôts disparaîtront à la fin des années 1970.

La dernière péniche en visite sur le quai du Commerce, devenu le quai Foch après 1918, fut la péniche du musée Grévin, dans les années 1950.

Un attelage sur un pont-levis ! Et tout le charme du "plat pays" transpire dans cette évocation.

La navigation sur la Scarpe offrait une telle intensité que les péniches passaient quelquefois toute une journée à traverser Douai. Ici, une "4 chevaux" halant une péniche, après l'ouverture du pont tournant. Une passerelle pour piétons doublait chaque pont tournant, évitant à la population des attentes longues et pénibles.

Le halage sur le quai Bertin où s'installera la clinique Picard qui deviendra la clinique Saint-Pierre.

Il est évident que les bateaux amarrés en double file, quai Bertin, ne laissent pas beaucoup de passage pour le trafic !

Le pont de Tournai, rebaptisé pont de l'Hôtel-Dieu, est doublé de sa passerelle pour piétons.

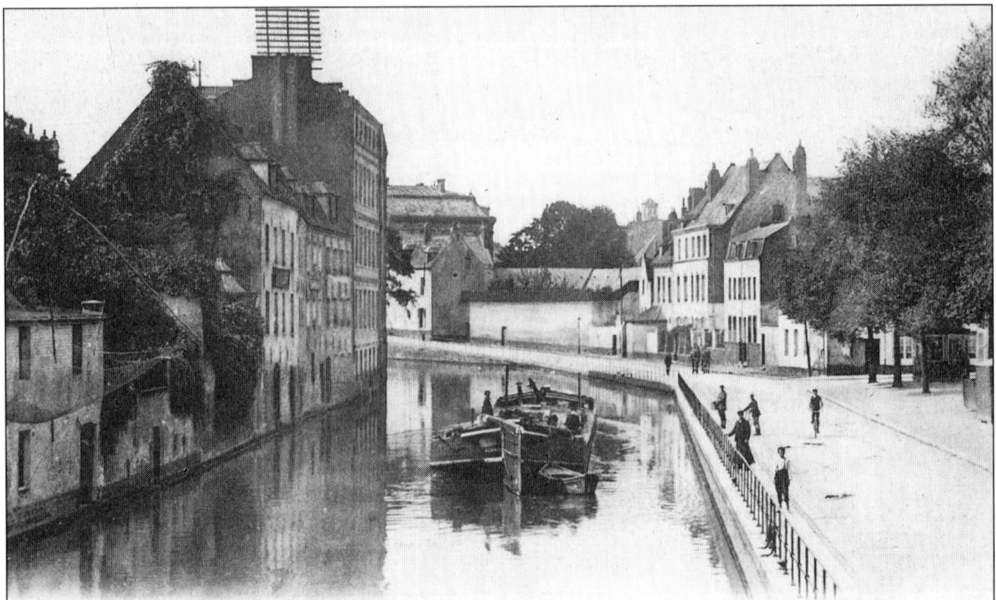

Une péniche en bois passe quai Saint-Vaast. Sous les arbres, se mesuraient les joueurs de billon. Au fond, la rue des Potiers, rasée depuis, a été reconstruite il y a peu.

Les “avalants” terminent leur traversée de Douai par le quai Mariage (du nom d’une famille ayant vécu à ses abords) et par son usine à gaz derrière le jardin de la tour des Dames. L’usine disparaîtra après 1970.

Au Rivage Gayant, les péniches venaient charger le charbon en une incessante noria. C’est pourquoi, en 1891, un décret autorise la création de la dérivation de la Scarpe sur 8 km. Elle s’ouvre à la batellerie le 5 août 1895. Finis les embarras de la traversée de Douai ! Finis aussi le plaisir et le charme des bateaux de bois, tirés par des chevaux, et des bateliers traversant la rivière en “bachot” !

Le toueur *Ville de Douai* est mis en service en 1863. C'est un petit remorqueur équipé d'un treuil qui tire une chaîne noyée dans le lit de la Scarpe. La chaîne, en s'enroulant, fait avancer le toueur qui emmène 4 péniches ; en effet, le halage est interdit dans la traversée de Douai. Les chevaux de louage sont laissés à l'entrée et à la sortie de la ville. Après la mise en service de la dérivation, en 1895, le toueur est abandonné. Les chevaux sont alors de nouveau autorisés et utilisés juqu'en 1926. En octobre 1918, en quittant Douai, les Allemands font sauter tous les ponts. La ville les reconstruira fixes, supprimant, en 1926, toute possibilité de navigation entre le pont des Dominicains et le pont d'Alsace.

VI

Le commerce

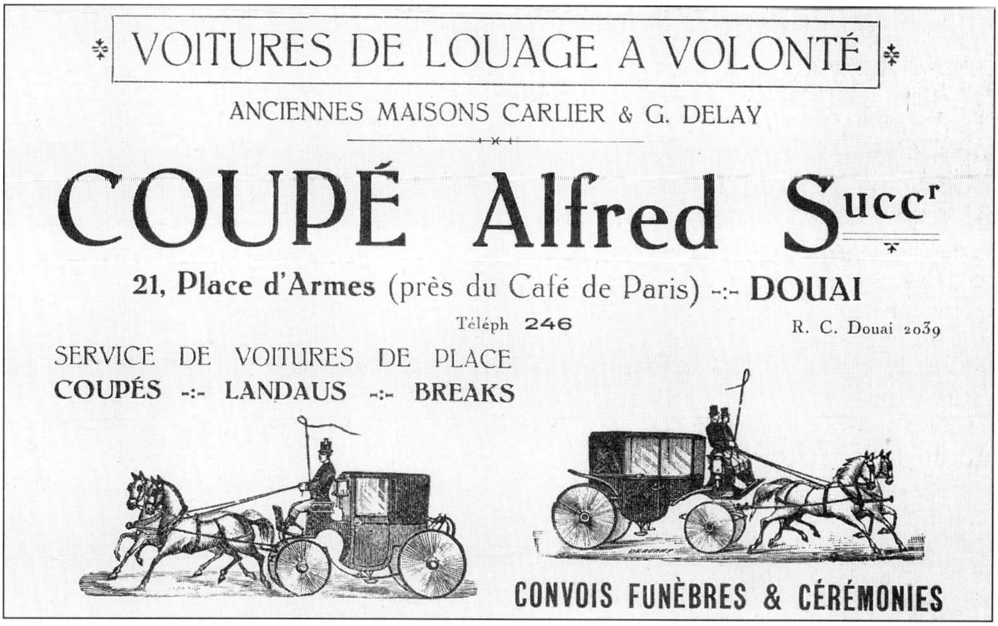

En 1901, Douai comptait 33 649 habitants. Les commerces étaient des plus diversifiés et l'artisanat était roi. Il n'a donc pas été possible, sur une période de 50 ans (1890-1939), d'insérer ici tous les commerces douaisiens ; ce livre n'y aurait d'ailleurs pas suffi. Que les absents nous le pardonnent. Notons, au hasard, qu'en 1913 Douai abritait une fonderie de fer et de cuivre, 2 fabriques de moutarde, 6 dentistes, 7 forgerons en équipages, 13 architectes, 15 blanchisseurs de linge, 18 médecins, chirurgiens et officiers de santé, 26 boulangers, 10 loueurs de voitures et... 531 cabaretiers se partageaient la clientèle.

Sur la Grand'place, côté pair, les Galeries Douaisiennes deviendront les Nouvelles Galeries, lesquelles ont disparu depuis quelques années pour laisser la place à la Galerie du Dauphin.

Le côté impair, avec ses nombreux cafés...

... dont le café des Mille Colonnes (La Civette actuellement) avant 1914...

... et ce qu'en ont fait les Allemands en 1918 !

L'entrée de la rue de Bellain, au départ de la Grand'place, a été ravagée.

Sur le côté pair de la rue de Bellain, les Dames de France sont devenues Casa et Erisport.

Côté impair, la quincaillerie Desfontaines, détruite en 1918...

... va gagner le coin de la rue des Ferronniers, lors de la reconstruction de la rue de Bellain.

Le dernier commerce de la rue de Bellain, côté pair, est la Maison Jamart devenue Prisunic.

En face, l'étal du Bon Marché deviendra Eurodif, après la disparition du Printemps.

A trois maisons du Bon Marché, en face de chez Jamart et faisant le coin de la rue du Canteleu, se dresse la taverne Liégeoise. Primitivement appelée taverne Viennoise, elle changea précipitamment de nom en 1914 !

L'entrée droite de la rue de la Madeleine sera détruite en 1926 en vue de son élargissement et la Maison Bleue...

... devient la Maison Dugardin, remplacée après la Seconde Guerre mondiale par le quotidien *la Voix du Nord*.

La Maison Dugardin, telle qu'elle se présentait en 1926, avant sa destruction et son déplacement au coin de la rue du Canteleu.

La Galerie de la Madeleine remplace la maison de vêtements Boldoduc-Marchand.

En face, la Grande Parfumerie Dremière est restée un commerce de parfums.

Le Grand-Cerf (ci-dessus, à gauche) avait un autre aspect mais était déjà le Grand-Cerf. Au n°40 de la rue, se tenait le restaurant des Palmiers (ci-dessus, à droite), entre la Société générale, au 38, et Au Temple, au 42. Les bombardements de 1944 ont tout rasé. La banque racheta le 40 pour s'agrandir.

Au Temple revint au 42, après la guerre, pour partir ensuite rue de la Mairie, à la place de la quincaillerie Tréca, puis rue Morel sur le site des meubles Mouret, avant de disparaître.

La bijouterie Gouache, au coin des rues Saint-Jacques et Saint-Thomas, a disparu entre les deux guerres. La chemiserie Gellez occupe actuellement l'emplacement.

En 1925, après la librairie l'Echo du Nord de monsieur Coddée et le café de la Bourse suivent le café Belle-Vue, de monsieur Faille, la boulangerie Hennart et la charcuterie Ghyselinck. Celle-ci a succédé, après 1914, à la pharmacie Lesurque. Vous savez ? L'affaire du courrier de Lyon, c'était un petit-cousin.

En face, faisant le coin de la rue Saint-Jacques et de la place Carnot, le café des Deux Clefs est toujours tenu par la famille Dupont. Sur le pas de la porte, monsieur et madame Dupont posent avec leurs filles Simone et Denise, vers 1935.

Les chaussures Vitrant-Bazin existaient déjà rue de Bellain, au début du siècle. Détruit avec ses voisins, en 1918, le magasin est reconstruit au même endroit. Il vient de fermer pour aller s'installer dans un espace plus petit, rue de la Mairie. Tous les enfants de l'arrondissement, depuis 50 ans, sont montés sur les deux chevaux de bois à ressort trônant au milieu du magasin. Combien de paires de chaussures vendues leur doit-on ?

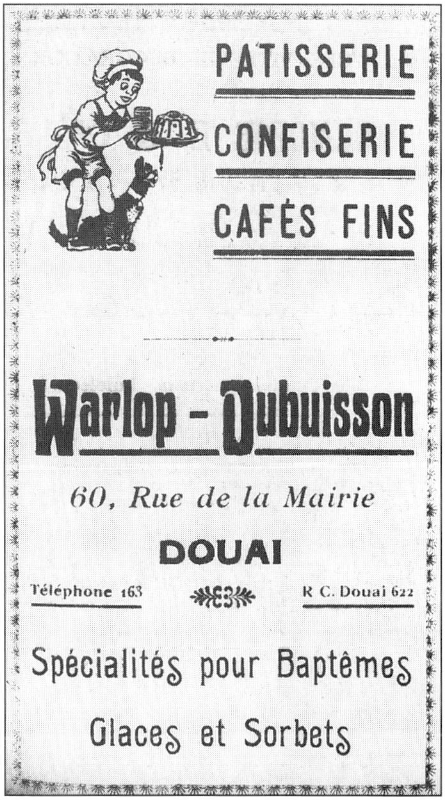

Malgré les changements de propriétaires, la renommée de la pâtisserie Warlop est restée gravée dans la mémoire collective des Douaisiens.

Madame veuve Dupuis-Martin et son fils H. Dupuis, mercier en gros, occupent les n°38 et 40 de la rue de la Mairie. Aujourd'hui, Pingouin-Stemm est au 38 et Rose-Marie Bis est au 40.

Hormis le Grand-Cerf déjà cité, Douai compte de nombreux et splendides hôtels. Notons sur la Grand'place, le toujours existant hôtel de Paris.

Sur la place de la Gare, il en existait deux grands qui ont disparu dans la tourmente de la Seconde Guerre mondiale et qui n'ont pas été remplacés. Le premier est le Grand hôtel de la Gare, à l'emplacement de la brasserie Le Président.

Le second est l'hôtel Terminus, à gauche du précédent, au niveau de l'actuelle rue Proust.

L'hôtel du Soleil, rue du Canteleu, a été remplacé par la nouvelle Caisse d'épargne.

Au hasard des rues, nous rencontrons la Maison Humez, rue de Paris. Monsieur Humez est sur le pas de sa porte. Son fils, Jean, lui succédera dans l'épicerie fine. Arrivé à la retraite, celui-ci louera le magasin à son voisin pharmacien, monsieur Henno.

Sur la place du Marché aux Poissons, avant leur destruction en 1980 pour construire un cube de béton (le nouveau Palais de justice), existaient des commerces. La Maison Delemer-Dupuis y vendait des chaussures.

La droguerie Leroy, au coin de la rue des Ferronniers et de la rue Jean Bellegambe, où l'on trouvait aussi des appareils photo et des parfums, s'appelle aujourd'hui Au Pinceau d'Argent et est tenue par monsieur Delattre. C'était une droguerie au sens large du terme, puisqu'on y vendait aussi de l'essence automobile.

A quelques maisons de là, dans la rue Jean Bellegambe (peintre douaisien du XVe siècle), existe la dernière façade de style Belle-Epoque de Douai.

Le Palais de l'Auto, après la guerre, est remplacé par les meubles Mouret. La publicité disait alors : "*Meuble Mouret, meuble parfait*". La maison blanche et toutes les suivantes ont été soufflées par les bombes. A leur place, monsieur Paty, nouveau concessionnaire Ford, a reconstruit un garage. Parti pour cause d'exiguïté dans les années 1975, il fut remplacé par l'électroménager Boulanger.

Le garage Charpentier, lui aussi rasé en 1944, fut reconstruit à peu près au même emplacement. Monsieur Charpentier s'est tué, sur l'ancienne route de Lille, au volant d'une toute nouvelle Peugeot : la 203. C'était en 1949. Devenu trop important, le garage a migré rue du 4 Septembre.

L'établissement Bailliez se situait au 124, rue de Paris, à l'emplacement de l'ancien installateur d'antennes T.V. Antela, entre l'assureur Gras-Savoie et le café-tabac.

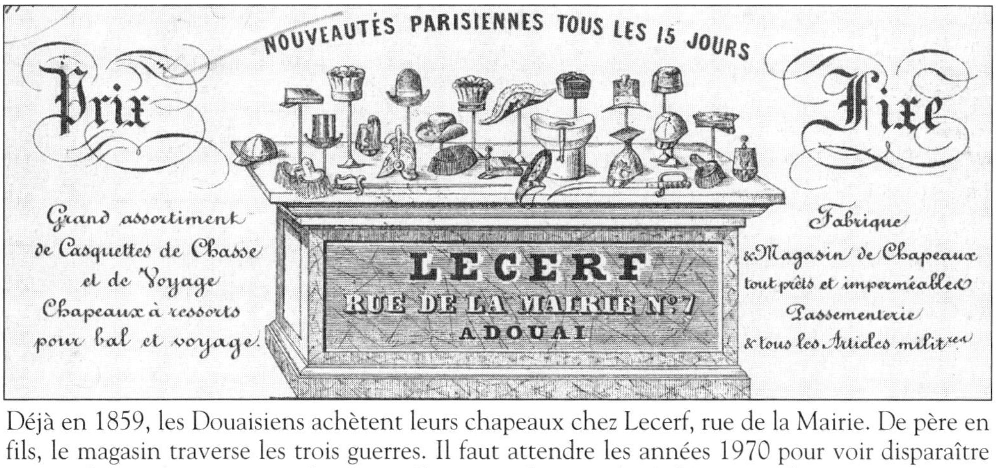

Déjà en 1859, les Douaisiens achètent leurs chapeaux chez Lecerf, rue de la Mairie. De père en fils, le magasin traverse les trois guerres. Il faut attendre les années 1970 pour voir disparaître ce grand nom du commerce douaisien. Il est remplacé par les 3 Suisses et, depuis cet automne, les chaussures Vitrant, autre grand nom, ont repris l'emplacement.

290

PARFUMERIE Rue des Ferronniers, 6, Douai GANTERIE

AU CHAT BOTTÉ.

CHAUSSURES p^r HOMMES

Souliers veau.
Souliers vernis
lacés ou élastiques.
Souliers napolitains.
Brodequins, Chevreau, &^a
CAOUTCHOUCS.
Chaussures végétales.
Galoches en tous genres.
Chaussures fourrées
&^a &^a

CHAUSSURES p^r FEMMES
Enfants & Fillettes.

Bottines, Etoffe, Castor,
Claque, Vernis ou Chevreau.
Souliers vernis
à talons ou décolletés.
CHAUSSURES FOURRÉES.
Caoutchoucs & Galoches.
SOULIERS EN SATIN
pour Bals et
Soirées.

DÉTAIL ET DEMI-GROS.

Monsieur Tourmont, rue de l'Université

À DISLERE-GÉREZ les marchandises ci-après.

Qu'il était joli l'en-tête de facture du Chat Botté, sis rue des Ferronniers, en 1871 ! On y vendait des souliers de satin pour le bal ! Vraiment une autre époque ! Lui succédèrent la Maison Soyez, ameublement, tapis, les 3 Mailles et aujourd'hui Galapagos.

Il y a 70 ans, au coin de la rue des Wetz et de la rue Lambrecht, monsieur et madame Penet vendaient beurre, oeufs et fromages et on allait chercher son lait dans un "pot à lait" émaillé ou en aluminium. Leur gendre, Gérard Flamme, a remplacé les "BOF" par la tapisserie-décoration. Un autre genre !

VII
Les marchés

Deux foires ont lieu chaque année. La foire d'été commence le premier juin et dure 15 jours. La foire d'automne commence le 1er octobre et dure un mois. Quant aux marchés, il y en a au moins un chaque jour dans un coin de la ville. Sur la place Saint-Amé, il y a le marché aux fruits, tous les jours, et le marché au beurre, aux légumes et aux oeufs les mardi, jeudi et samedi.

Cette place Saint-Amé, où s'élevait avant la Révolution la collégiale Saint-Amé, est plantée d'une multitude de marronniers. Quelques uns y existent encore aujourd'hui.

Les baudets, tirant leur charrette, apportent sur la place Carnot les mannes remplies de denrées pour le marché au beurre, aux légumes et aux oeufs, les lundi et vendredi. Au fond, l'hôtel du Grand Balcon, toujours existant, était la propriété de la famille Wacquez.

Le marché aux volailles et au gibier avait lieu les samedis, rue des Foulons. Il a disparu il y a une trentaine d'années.

Sur la Grand'place, se tient le marché aux grains et aux fourrages les mardi, jeudi et samedi, en même temps que le marché tel qu'on le connaît aujourd'hui avec ses quincailliers et ses marchands de “fouffes”.

Au Minck, se tenait le marché aux poissons. Les galeries couvertes, style Victor Baltard, et le kiosque ont disparu. Qu'elles sont jolies nos grands-mères en chignon !

Sur la place du Barlet, a lieu le marché aux bestiaux (chevaux, moutons et porcs) le 22 de chaque mois. S'y tient aussi un marché aux légumes le mercredi. Aujourd'hui, le bétail a disparu, mais le Barlet est toujours un champ de foire et tous les ans on y retrouve la grande "ducasse" de Gayant.

VIII
Les brasseries

Comme son voisin belge, le nord de la France a toujours été de tradition brassicole. Au XIVe siècle, on boit la cervoise ou la goudale. En 1860, Douai compte une vingtaine de petits brasseurs, entreprises familiales. En 1913, existent encore une quinzaine de brasseries dont : Butruille, Cavrois, Farez, Gras, Hollande, Tréca, Treuffet...

Quelques brasseries ont encore pour nom Stindre (ci-dessus, à gauche). La Nationale (ci-dessus, à droite) est une coopérative de petits brasseurs.

L'immeuble a été rasé et remplacé par la résidence *La Cervoise*.

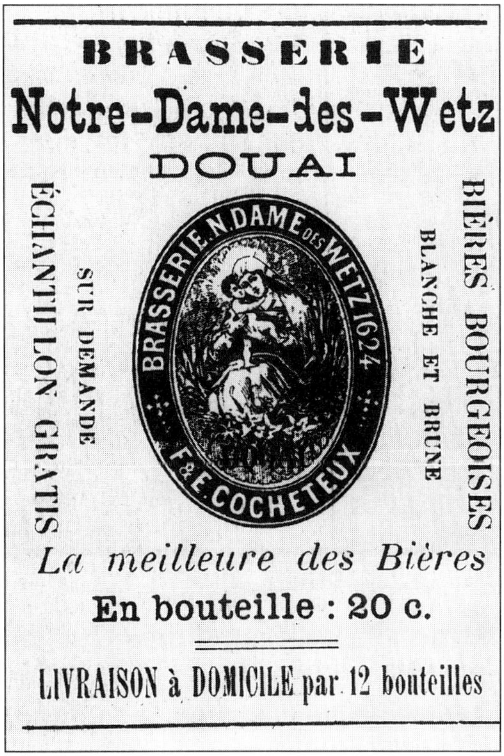

Cocheteux (ci-dessus, à gauche)... André (ci-dessus, à droite) se trouve en face de l'école Saint-Joseph.

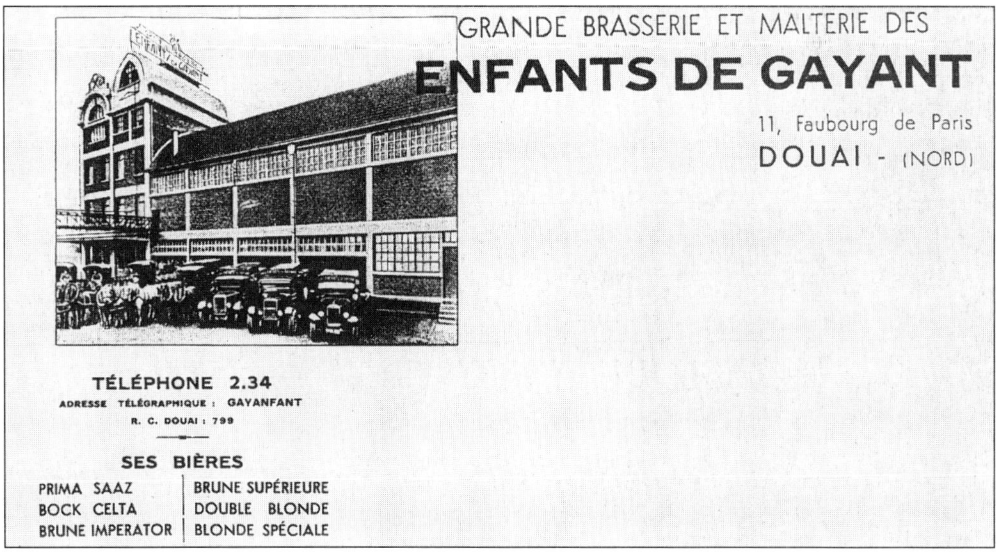

Les brasseurs Delfolie, Belle, Marronnier et quelques autres s'unissent et créent, en 1919, la brasserie des Enfants de Gayant, la seule existant encore de nos jours à Douai.

La corporation des brasseurs, en grande tenue, emmène son saint patron, Arnould, fêté le 18 juillet, en procession à travers les rues de Douai, avant la cérémonie religieuse dans l'église Saint-Jacques.

IX
Les écoles

L'université est créée par lettre patente de Philippe II, roi d'Espagne, le 19 janvier 1562, avec les cinq facultés de théologie, de droit canon, de droit civil, de médecine et des arts. Lorsque les persécutions religieuses chassent les ordres catholiques d'Angleterre, c'est autour de la plus proche université, celle de Douai, que viennent se réfugier les religieux, ce qui explique l'installation des Récollets et des Bénédictins anglais, des Jésuites écossais, des séminaristes irlandais, etc. chez nous. C'est à Douai que fut traduite en anglais, par Grégoire Martin et le cardinal Allen, "*The Holy Bible of Douay*" et que l'Ancien Testament, en deux volumes, fut imprimé en 1609 et 1610 ; et c'est sur un de ces exemplaires que John Fitzgerald Kennedy, seul président catholique des Etats-Unis, prêta serment le jour de son investiture. L'université eut ses locaux à l'angle de la rue des Malvaux et de la rue des Corbeaux, maintenant rue des Ecoles, locaux qui, en 1767, deviendront l'école d'artillerie, incendiée en 1940.

Huit collèges viennent s'installer autour de l'université, dont les deux plus importants, tenus par les Jésuites, professeurs réputés de l'université, étaient le collège de l'Abbaye d'Anchin et le collège de l'Abbaye de Marchiennes.

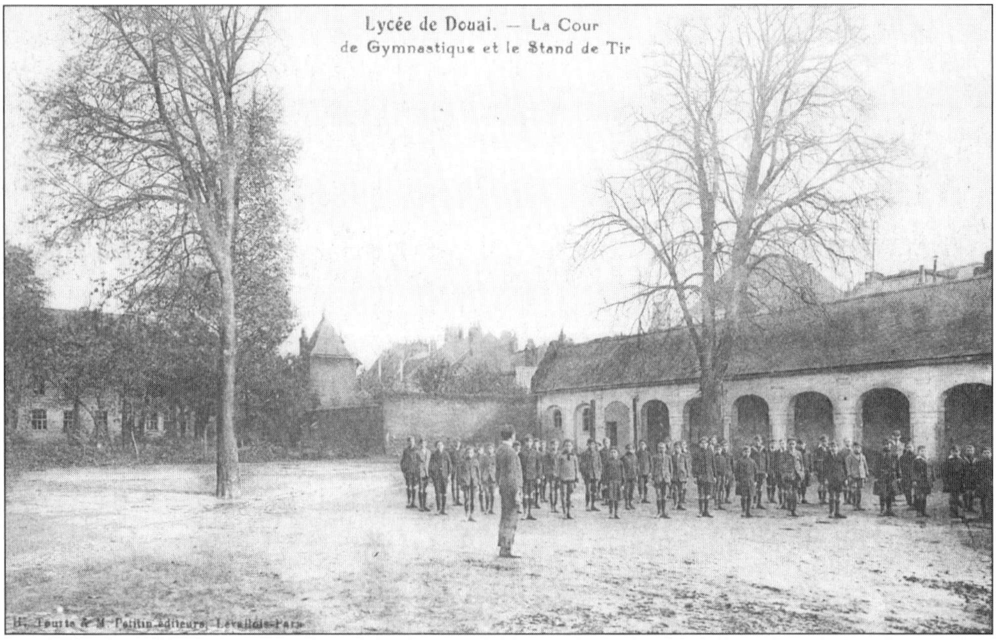

Tous deux se trouvaient à l'emplacement du lycée Châtelet actuel, l'ancien lycée de garçons ayant été détruit pendant la guerre.

Le collège des Bénédictins anglais (1603) devient le lycée de jeunes filles...

... puis le lycée Jean-Baptiste Corot, lors de la mixité et de son agrandissement.

Le couvent des Brigittines (1626), sur le trottoir de droite, laisse la place au collège libre Saint-Jean. Au bout de cette rue Saint-Jean passe la rue François Cuvelle. Cette partie de la rue Cuvelle et tout ce rang droit de la rue Saint-Jean seront rasés en août 1944. A l'emplacement de la porte cochère, une rue Maurice Wagon prolonge maintenant la rue Saint-Jean.

Le collège Saint-Jean, en grande partie détruit en 1944, sera reconstruit.

La “récré” est toujours appréciée, quelle que soit l’époque à laquelle elle est vécue.

L’institution de jeunes filles Sainte-Clotilde prend la place des Rédemptoristes.

Devenue mixte, l'institution est toujours tenue par les soeurs de la Sainte-Union-des-Sacrés-Coeurs. Cette congrégation, fondée au XIXe siècle par l'abbé Debrabant, avait sa maison-mère sise au 109, rue des Malvaux, laquelle a appartenu ensuite à la famille Hollande.

Parmi ces enfants de 7-8 ans faisant la ronde pour le photographe, en 1925-26, se reconnaîtront : Antoinette Mouron, Andrée Fichelle, Aimée Butruille, Marguerite Lesage, Louise Vion, Thérèse Malengé, Marie-Madeleine Dautricourt, Marie-Thérèse Descatoire, Geneviève Henneron et Jacqueline Faucheux. Parmi ces “gamines” se trouve un des auteurs de ce livre !

Bâtie sur l'emplacement du couvent des Carmes Déchaussés (1675), rue Victor Hugo, l'école des Maîtres Mineurs est complètement détruite le 11 août 1944. Entre 1846 et 1877, ce bâtiment accueillit l'Ecole Normale des garçons.

La nouvelle Ecole, dite Ecole nationale des techniques industrielles et des mines de Douai, a été reconstruite, plus grande, au faubourg de Béthune.

Douai, siège d'Académie, fit construire en 1874, à l'emplacement de l'ancien mont-de-piété, le bâtiment de la rue de l'Université qui devait abriter les facultés de lettres et de droit.

En octobre 1887, un décret ordonne le transfert immédiat des facultés à Lille. En échange, Douai reçoit l'Ecole nationale des industries agricoles qui s'installe dans le bâtiment tout neuf vidé de sa "substance". Tiens ! On retrouve le fiacre du photographe !

Douai reçoit aussi l'Ecole nationale d'agriculture qui s'implante à Wagnonville, sur la route de Flers.

Douai garde, rue d'Arras, son Ecole Normale d'instituteurs, intitulée maintenant I.U.F.M. ou Institut universitaire pour la formation des maîtres. La construction des nouveaux bâtiments date de 1877.

Noter l'architecture Louis XIV du bâtiment qui a résisté à toutes les guerres. Les arbres ont disparu depuis bien longtemps.

Douai garde aussi, rue d'Esquerchin, son Ecole Normale d'institutrices, fondée en 1880 et construite sur un terrain donné par la ville.

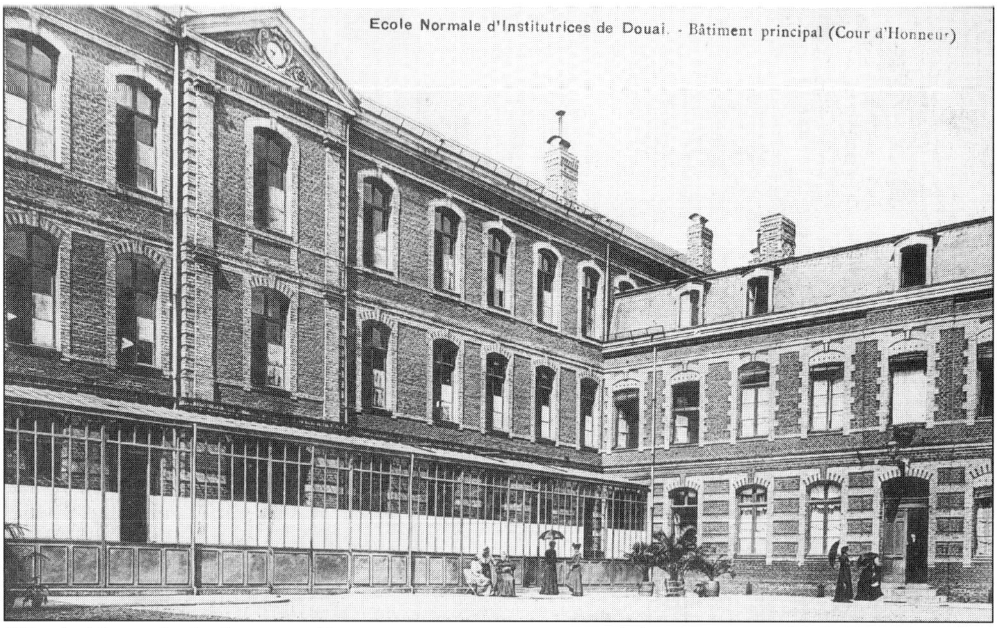

L'Ecole Normale fut bâtie sur l'ancien séminaire provincial des évêques.

Les futures enseignantes apprenaient aussi la couture, la broderie, la cuisine, la lessive, etc., disciplines disparues de l'enseignement depuis !

En même temps, et heureusement, elles apprenaient à enseigner aux enfants.

L'école Marceline Desbordes-Valmore, au bout de la rue Fortier, en arrivant sur la place Carnot, a été rasée en 1944.

L'école communale de garçons, rue François Lemaire, n'existe plus à cet endroit. Elle est maintenant boulevard de la République.

Par contre, l'école d'application de l'Ecole Normale de la rue des Blancs-Mouchons (nom d'une vieille enseigne d'estaminet) est restée telle quelle. Elle est seulement devenue mixte.

L'école paroissiale Saint-Edmond existe toujours. Elle est devenue l'école maternelle de l'ensemble scolaire privé Saint-Joseph.

Monsieur Deforest de Lewarde, homme éminent et charitable de Douai, fonda une école en 1818, avec les frères des Ecoles chrétiennes, sise à l'emplacement de l'ancien hôpital du Petit-Saint-Jacques, rue Jean de Gouy. C'était la plus ancienne école primaire gratuite de garçon ouverte à Douai après la Révolution. C'est actuellement le lycée technique Deforest de Lewarde.

Depuis les années 1970, l'école municipale des Beaux-Arts, Arts décoratifs et du bâtiment, devenue école d'art de Douai (structure associative financée par la municipalité) s'est installée rue des Wetz dans les locaux de l'ancienne école supérieure professionnelle Jules Ferry. Cette école s'adressait "*aux jeunes gens qui se destinent à l'industrie, au commerce, à l'agriculture ou aux emplois administratifs*".

Douai s'enorgueillit d'avoir vu naître Marceline Desbordes-Valmore, poétesse délicate de l'enfant, de la famille, de la maternité, amie de tous les grands noms de l'époque : Dumas, Balzac, Chateaubriand, Sainte-Beuve, Lamartine, Hugo... Qui n'a appris à l'école primaire ces quelques vers tirés de son recueil "*Les pleurs*" (1833) ? «*Cher petit oreiller, doux et chaud sous ma tête,/ Plein de plume choisie, et blanc, et fait pour moi !/ Quand on a peur du vent, des loups, de la tempête,/ Cher petit oreiller, que je dors bien sur toi !*».

Marceline mourra à 73 ans, en 1859, après avoir perdu plusieurs enfants dont ses deux filles Ondine et Inès, laissant le souvenir d'une vie à la fois pitoyable et admirable. «*Que mon nom ne soit rien qu'une ombre douce et vaine ;/ Qu'il ne cause jamais ni l'effroi ni la peine ;/ Qu'un indigent l'emporte après m'avoir parlé/ Et le garde longtemps dans son coeur consolé !*». Sa statue, due à Alexandre Descatoire, érigée en 1936, détruite en 1940, sera remplacée après la Libération par celle du 1er grand prix de Rome, Albert Bouquillon.

Victor Gallois, né en 1880 au 17 de la rue de Valenciennes, 1er grand prix de Rome de musique, lors de son retour triomphal à Douai, est reçu comme un chef d'état par les corps constitués.

Honneur rarissime ! Monsieur et madame Gayant et leurs enfants sont sortis pour accueillir Victor Gallois et l'honorer devant l'estaminet-commerce de papiers de ses parents, rue de Valenciennes.

Albert Bouquillon, né au 9 de la rue des Foulons en 1908, se voit attribuer le 1er grand prix de Rome de sculpture en 1934.

Une fête grandiose est organisée par la municipalité, avec toutes les sociétés locales qui vont le chercher à la gare pour le ramener triomphalement jusqu'à l'hôtel de ville. Albert Bouquillon, beau garçon s'il en fut, est à gauche ; le maire, Léon Escoffier, est à l'extrême droite.

Citons quelques grands prix de Rome, tels : Théophile Bra et Alexandre Descatoire en sculpture, Ferdinand Dutert et Henri Sirot en architecture, Georges Delplanque et Raymond Tellier en peinture. Ci-dessus, on peut admirer le portrait de madame H., par Raymond Tellier (1956).

X

Les casernes

Douai, place forte sur la frontière du Nord, est un des maillons de la chaîne défensive disposée, depuis Louis XVI, entre Dunkerque et Sedan. Siège de l'état-major de l'artillerie du 1er corps d'armée, elle compte, en 1914 : 3 régiments d'artillerie (le 15e R.A., le 27e R.A. et le 41e R.A.), l'arsenal, la fonderie, le dépôt de la Chartreuse, le parc à fourrages, les 4 terrains de manoeuvres, les manèges et les 5 casernes. Un septième de la superficie de la ville est propriété militaire ; elle loge plus de 180 officiers, y créant une très importante activité. Le quartier Caux loge le 15e régiment d'artillerie. Du 28 février au 8 avril 1916, celui-ci va tenir Fleury-devant-Douaumont, empêchant toute avance allemande sur Verdun. Du 15 août au 9 octobre 1916, il participe à l'offensive de la Somme dans le secteur de Craonne. Le 15e R.A. quittera définitivement Douai le 10 mai 1940. Depuis 1962, il est en garnison à Suippe, dans la Marne.

Le quartier Durutte loge le 27e régiment d'artillerie. La caserne sera détruite, après 1918, pour donner une ampleur au quartier de la gare.

Quelques officiers manoeuvrent à la Berce-Gayant, anciens glacis des fortifications. Combien mourront à Verdun ou sur la Somme, en 1916 ?

Le quartier Conroux loge le 41e régiment d'artillerie. Détruite pendant la Seconde Guerre mondiale, la caserne sera reconstruite en partie et affectée à la gendarmerie.

L'arsenal est remplacé par le nouvel hôtel de police, en face de la Caisse primaire d'assurance maladie.

En 1914, la caserne Corbineau est toute neuve. Elle est destinée au 9e régiment de cuirassiers qui n'y passa que quelques mois avant août 1914. Le 58e R.A. occupera la caserne en 1962.

Entre la rue Saint-Michel et l'Esplanade, cette partie de la rue Saint-Sulpice a été rasée pendant la guerre. Il ne reste rien de la caserne d'Aoust. Sur son emplacement sera construit l'hôtel des impôts.

La gendarmerie s'installe dans les bâtiments de l'ancien collège des Bénédictins anglais, place Saint-Vaast. Une maison d'arrêt sera construite dans le prolongement de la gendarmerie. Avant 1914, un marché se tenait, place Saint-Vaast, les mercredi et dimanche. Ce marché aux légumes a disparu à la construction du lycée Corot.

En 1918, les gendarmes retrouvent leur caserne détruite. Ils sont relogés... dans la prison devenue libre après la construction de la maison d'arrêt de la rue de Cuincy. Le lycée Corot va remplacer la gendarmerie qui sera détruite et transférée, en 1966, dans ses nouveaux logements de la rue des Wetz.

Les Anglais arrivent dans Douai le 17 octobre 1918. Douai est libre mais dévastée. Il n'y a plus que 241 habitants dans la ville. 896 Douaisiens sont morts sur les champs de bataille. Le 14 septembre 1919, le président de la République, Raymond Poincaré, remet à la ville la Croix de la Légion d'honneur, avec la citation suivante : "*Ville douloureusement meurtrie par quatre années d'une dure occupation. A puisé cependant dans son patrimoine la force de résister à toutes les souffrances et de préparer même autant qu'il était en son pouvoir, sa renaissance à la pleine vie française*". Le 11 novembre 1932, la ville recevait aussi la Croix de Guerre. Quelques mots au sujet de la Seconde Guerre mondiale sont indispensables, alors qu'il faudrait tout un recueil pour la raconter. Disons seulement que le 11 août 1944, 135 Lancaster et 142 Halifax escortés de 108 Spitfire (on l'apprendra plus tard) bombardent aveuglément Douai pendant près de trente minutes. Ce bombardement, le plus meurtrier de la guerre, à 3 semaines de la libération de la ville, fera 250 morts et 150 blessés : une hécatombe ! Il est resté dans la mémoire de tous les «vieux» Douaisiens comme une plaie... pas toujours bien refermée. Le 1er septembre 1944 (Dieu qu'il faisait beau et chaud, ce jour-là !), le 2e bataillon des gardes irlandais, les *Irish Guards*, entre dans Douai enfin libéré, mais, répétons-le, la plus dévastée des villes du Nord après Dunkerque.

XI
Gayant

En 1479, les Douaisiens, sauvés d'une annexion-surprise du roi de France Louis XI, font une procession d'action de grâce à leur saint patron, Maurand, qui les aurait miraculeusement protégés. Tous les ans, cette procession se renouvelle et, en 1530, pour fêter la Paix des Dames, signée à Cambrai l'année précédente entre Louise de Savoie, mère de François 1er, et Marguerite d'Autriche, tante de Charles Quint, ils confectionnent une reproduction allégorique digne d'accompagner cette procession. Les manneliers (fabricants de paniers d'osier) et les chaisiers fabriquent donc un géant, ou gaïant. Notre Gayant était né !

Depuis plus de 450 ans, Gayant incarne l'image de rassembleur social et tous les Douaisiens se disent et se reconnaissent "enfants de Gayant".

En 1531, la corporation des fruitiers, voulant avoir son représentant, construit un autre géant ayant l'aspect d'une jeune femme : Marie Cagenon, dite madame Gayant.

Peu à peu, le couple Gayant s'enorgueillit d'enfants, à la fin du XVIIe ou au début du XVIIIe siècle. Il en a trois : un garçon, Jacquot (4m.), une fille, Fillion (3m.) et Binbin (2m.50). Le costume de Gayant varia de siècle en siècle, suivant la mode. C'est en 1823 qu'on lui donna son costume et ses attributs actuels.

Depuis le XVIIIe siècle, la tradition veut que tout enfant douaisien embrasse Binbin, surnommé affectueusement en patois "Ch'tiot Tourni", parce qu'il est affligé de strabisme. L'embrasser protège l'enfant d'ennuis oculaires, dit-on. Monsieur Fromont, fruitier en retraite de la place Suzanne Lanoy, embrasse son "idole".

14. Douai — Cortège de Gayant - Sot des Canonniers - *The Gayant retinue*

Accompagnant la famille des géants, le "sot des canonniers", qui est un «cheval-jupon», est plus communément appelé "l'baudet décarroché". Il virevolte, fait mille facéties, part, revient, caracole avec brio au milieu de la foule. En 1930, le rôle était tenu par Désiré Mouy. Tout ce petit monde est emmené par les deux "chefs du protocole", en redingote, chapeau haut-de-forme et noeud papillon. Auparavant, recrutés auprès des mesureurs assermentés des entrepôts de la ville, ces chefs sont maintenant désignés pour leur sagesse et leur autorité, indispensables à la conduite de telles équipes. Etre porteur des Gayant est un honneur. Des familles entières s'y consacrent de père en fils, tel maintenant Lucien Mériaux, chef du protocole des Enfants Gayant, et ses trois fils. Le grand-père maternel de Lucien Mériaux, René Fauveau, était déjà chef de lunette de madame Gayant, en 1931. Ses coéquipiers-porteurs avaient pour nom : Eugène Logeon, Emile Leclercq, Joseph Sebille, Paul Bégot, Jean Hocq et Ovide Watelle. On ne peut pas passer sous silence les porteurs de monsieur Gayant ! Ils étaient : Eugène Azeau, chef de lunette, Fernand Bégot, Marcel Dhours, Charles Dorémus, Fernand Dupuis, Louis Coquerelle, Gilles Custin. Les chefs du protocole étaient Georges Briffart et Charles Briffart.

Dès avant 1678, existait déjà la roue de fortune, sorte de char de forme antique, sur la plate-forme duquel tourne un disque placé obliquement. La rotation de ce disque, synchrone avec la rotation des roues du char, amène tout à tour six personnages, figurant les diverses classes de la société, sous la Corne d'Abondance de la Fortune aveugle.

Cette procession a dégénéré au fil des ans et, en 1770, l'évêque d'Arras l'interdit. Les Douaisiens, fous de leur Gayant, instituent donc un autre défilé le 6 juillet, jour anniversaire de l'entrée des Français à Douai. Monsieur Gayant pèse 370 kg et mesure 8 mètres ; madame Gayant, quant à elle, pèse 250 kg et mesure 7 mètres. Tous deux sont portés par 6 hommes. Les fils électriques, qui n'étaient pas encore installés sur les façades des habitations mais tendus au travers des rues, devaient être soulevés pour laisser le passage aux géants.

Le 19 mai 1940, monsieur et madame Gayant et leurs enfants périssent dans l'incendie de leur "maison". Le premier a être reconstruit, en 1947, est Binbin, grâce aux dommages de guerre auxquels la ville pouvait prétendre. Puis vinrent Jacquot et Fillion. Enfin, l'année même de l'inauguration du nouveau carillon, monsieur et madame Gayant réapparaissent en juillet 1954, plus beaux que jamais, à la joie immense de toute une ville.

Croiriez-vous qu'ils vont sur leurs 43 ans ? Chaque géant a un porteur remplaçant appelé «l'cache à mouques», chasseur de mouches en patois. Son rôle est de veiller à éloigner les enfants (les mouches) que ne peut voir le "chef de lunette" à l'intérieur du mannequin. Le chef de lunette, à travers son trou de 20 cm sur 12 est celui qui voit pour les 5 autres. Tous les ans, quand la famille sort durant 3 jours, c'est la liesse générale et des dizaines de milliers de personnes viennent participer au défilé carnavalesque du dimanche et aux amusements proposés par la ville : poignées de bonbons lancés à la foule par les édiles au départ des festivités, lâcher de "coulons" (pigeons), concours de tir à l'arc, concours de billon (la Société existe depuis 1844), sorte de massue de 3 kg à projeter le plus près possible d'une cible placée à 9 mètres, manèges sur le champ de foire du Barlet... Une tradition ininterrompue en Flandre et en Artois veut que les fêtes de Gayant soient prétexte à "faire battre les coqs". Les gallodromes ne sont pas clandestins et les *aficionados*, comme on dit pour les taureaux, se retrouvent pour le concours au Chanteclerc, rue Saint-Jacques. Il y a aussi la course cycliste de Gayant, qui se court le lundi. Ces réjouissances sont rythmées par des fanfares, des concerts et des bals publics. Après la guerre, se disputaient encore des joutes nautiques sur la Scarpe. Et le mardi soir, saouls de fatigue, de joie, et quelquefois de bière, les Douaisiens vont, pendant 4 heures, escorter leurs Géants, lesquels ne voulant pas rentrer se sauvent. Ils finissent par rentrer pour un an, au son et à la vue d'un feu d'artifice tiré en leur honneur. Qu'on s'est bien amusé ! Vivement à l'année prochaine !

Que peut-il bien y avoir la-dessous ?

XII

Activités associatives et sportives

Douai possédait, avant 1914, une multitude d'associations et de sociétés diverses, parmi lesquelles on remarque : l'Association des anciens élèves du lycée (président Léon Lavoix, trésorier Augustin Boutique), l'Association amicale des anciens élèves de Saint-Jean (pdt.Victor Tréca, trés. Jules Pagniez), La Lyre (chorale. pdt. Hypolyte Copin, trés. Paul Delemer), le Cercle dramatique Douaisien (pdt. Hypolyte Copin, trés. Maurice Warlop), la Société des courses (secr. Edmond Desfontaines, trés. E. Aligard), le Cyclo-Club douaisien (pdt. Maurand Delcambre, trés. Maurice Van Belleghem), la Ligue nationale aérienne (pdt. Louis Bréguet, trés. M. Pillon), la Société théâtrale d'amateurs Le Carillon (pdt. André Picquet, trés. Marguerite Thuillier) et bien d'autres. Le concours hippique (ci-dessus) est organisé, chaque année au printemps, dans le cadre du parc des sports, à la Berce Gayant, par la Société hippique de Douai.

Réunion mondaine, s'il en fut ! A la première réunion de l'année des courses de Douai, contrariée par la neige et le froid, le 13 avril 1913, on enregistre au pari mutuel un total de 62 610 francs-or et le 11 mai, par un soleil magnifique, le pari mutuel enregistre un total de 69 335 francs-or. De coquettes sommes !

La Société des sports est fondée en 1894. Pour l'exercice 1899-1900, elle compte 105 membres sociétaires, dont 35 officiers de la garnison. A la veille de la Première Guerre mondiale, la Société possédait une piste cavalière avec obstacles, 3 jeux de lawn-tennis, 1 jeu de croquet, 1 portique de gymnastique et un stand pour tir aux pigeons.

La société Le sport nautique est fondée en 1879. En 1909, son trésorier est Léon Muller, futur directeur de l'usine des Ressorts. Quant à l'école de natation, fondée en 1849, elle est située au bord de la Scarpe, au bout du quai Devigne, vers Lambres.

Les bains douaisiens ouvrent en 1895, derrière l'église Notre-Dame, au coin du boulevard Delbecque et de la rue Neuve-Notre-Dame. En plus de la pratique de la natation, on y trouvait : "*baignoires, hydrothérapie, masseur, pédicure, service à domicile*". Ils seront détruits en 1944.

Déjà, les écoles emmenaient leurs élèves apprendre à nager.

La société des Francs-Nageurs est fondée en 1897.

Aux limites de Douai, vers Arras, au niveau de l'actuelle usine Renault, existait un terrain de 72 ha qui connut les temps héroïques de l'aviation : La Brayelle. Ici, le 21 août 1907, avec son frère Jacques, Louis Bréguet, ingénieur de l'usine des moteurs électriques Bréguet, du boulevard Vauban, fait voler pour la première fois au monde son gyroplane, ancêtre de l'hélicoptère. Ici a lieu aussi, en juin 1909, le 1er *meeting* mondial d'aviation.

C'est à La Brayelle que Breguet présente son monoplan type XII, avec lequel le Cambraisien Louis Blériot traverse la Manche le 25 juillet 1909. Le capitaine Madiot, élève de L. Bréguet, se tue le 23 octobre 1910 peu après le décollage en s'écrasant aux abords de Brebières, à 2 km du terrain. Au milieu des champs, on peut encore voir une colonne élevée à sa mémoire.

Le capitaine W.-E. Johns, écrivain anglais, créateur du héros Bigglesworth, qui enchanta toute une jeunesse dans les années 1950, parle de La Brayelle dans son roman "*Biggles, combattant du ciel*". L'aviation allemande ayant utilisé le terrain durant la Première Guerre mondiale, sans doute l'aviateur anglais y exécuta-t-il quelques missions.

Louis Breguet va aussi faire des essais d'hydravion à Palluel, près de Douai. Il crée les ailes repliables, pour un transport par route plus facile. Il invente aussi le train d'atterrissage à 3 roues. On reconnaît, au fond, l'usine à gaz, sise derrière la tour des Dames, à une centaine de mètres de l'usine Breguet.

Entre 1879 et 1914, presque tous les ans, durant les fêtes de Gayant, des ascensions en ballon, avec accompagnement musical, feux de Bengale et jets de fusées sont prévus sur l'esplanade, en face de l'arsenal.

Monsieur et madame Tiberghien, aéronautes douaisiens, vont s'élever en juillet 1913 dans le ciel à bord d'un ballon sphérique.

Le 12 novembre 1930, les triomphateurs de la traversée Paris-New-York sans escale, Coste et Bellonte, à bord du *Point d'Interrogation*, atterrissent à La Brayelle au milieu d'une foule en délire. Reçus par le Club aéronautique du Nord, ils visitent les usines Breguet, sises boulevard Vauban, là où fut expérimentée la première machine volante des frères Breguet et où fut construit leur Breguet XIX. Sur ce prestigieux terrain de La Brayelle, la régie Renault implante une usine en 1970.

Emile Henneron commence à monter des cycles en gros, à Pont-de-la-Deule, en 1906. Il crée sa marque, La Résistante, en 1910. L'établissement ayant été pillé en 1918, il part s'installer à Douai, rue Saint-Thomas, en 1924, où il vend en même temps des machines à coudre Smillers.

L'établissement, laissé à son fils Paul Henneron en 1930, est détruit par l'horrible bombardement du 11 août 1944.

Reconstruite dans les années 1950, la Maison Henneron est l'instigatrice d'un Grand Prix Cycliste, fort "couru" dans le Nord-Pas-de-Calais. Président de l'Association des anciens élèves de l'école Deforest de Lewarde pendant de longues années, Paul Henneron, dans les années 1955, mène en même temps son équipe de coureurs.

Au milieu du groupe, le bas du visage caché, son fils Michel reprendra le flambeau de la course cycliste. Parallèlement, il sera champion de Flandre de lutte libre en 1947, puis président du Lutteur-Club. Chevalier du mérite cycliste en 1975, il recevra plusieurs médailles de la Jeunesse et des Sports. La ville, reconnaissante, donnera son nom à une salle de sports en 1995.

Conclusion

Les auteurs sont honorés de laisser à Michèle Demarcy, responsable de la bibliothèque municipale de Douai, le soin de conclure ce livre de Douai-Mémoire en Images :

"Douai m'est conté, j'y prends un plaisir extrême. Cette plongée dans la ville sous la conduite de nos auteurs, tombés tout petits dans la Scarpe, avides de recueillir et de donner toute information sur leur patrie est un régal : je ne m'en lasse pas.

Pour une Douaisienne de fraîche date, la promenade proposée par Geneviève et Albert Ravet provoque un délicieux vertige : sommes-nous au XIVe, au XIXe siècle ou au jour d'aujourd'hui, fin du XXe siècle ? Est-ce le passage constant, dans les commentaires, du passé le plus ancien au temps présent, qui s'articule sur la succession de ces cartes postales, quasi séculaires pour certaines ou plus que cinquantenaires pour les autres, qui le provoquerait ? Qu'importe !

Et avec quel délice nous sommes pétris dans Douai."

Bibliographie

Guide itinéraire de l'étranger dans Douai, Ed. L. Crépin, Douai, 1862.
Annuaire du ressort de la Cour d'Appel pour 1910, Impr. Crépin, Douai.
Annuaire général de la ville de Douai pour 1914, Librairie nouvelle Crépin Frères.
Souvenirs de madame Camescasse, Ed. Plon, Paris, 1924.
Les 10.000 Adresses de Douai : 1928, Impr. Lefebvre-Lévêque, Douai.
Marceline Desbordes-Valmore : 1786-1859, Imp. Lefebvre-Lévêque, Douai, 1959.
La Revue douaisienne, Ed. Lefebvre-Lévêque, Douai, 1932.
Annuaire Ravet-Anceau, Impr. Les Petits-Fils de Léonard Danal, Loos (Nord), 1970.
Histoire de Douai, Victor Bufquin, 3e édition, Ed. Lauverjat, Douai, 1971.
Histoire de Douai, Michel Rouche, Ed. des Beffrois, Westhoek, 1985.
Annuaire Ravet-Anceau, Ed. Danel Scia, La Chapelle d'Armentières, 1979.
Les Prix de Rome douaisiens : tome XI, Les Amis de Douai, Impr. Lefebvre-Lévêque.
Douai, ville militaire, Groupe d'hist. locale, univ. d'Anchin, R. Caty, Créa Prim', Douai, 1995.
Fêtes et Géants de Douai : Gayant, doc. d'ethn. rég. du Nord-Pas-de-Calais, n°5, M.-F. Gueusquin, M. Mestayer, 1995.